APPEL

SUR

L'INIQUITÉ DE L'ESCLAVAGE

ET DE LA

TRAITE DES NOIRS,

ADOPTÉ

DE LA PART DE L'ASSEMBLÉE ANNUELLE

DE

LA SOCIÉTÉ RELIGIEUSE DITE DES AMIS,

RÉUNIE EN SON ASSEMBLÉE ANNUELLE DE 1844.

PARIS,

TYPOGRAPHIE DE FIRMIN DIDOT FRÈRES,
RUE JACOB, N° 56.

1845.

APPEL

sur

L'INIQUITÉ DE L'ESCLAVAGE

ET DE LA

TRAITE DES NOIRS.

La criminalité de la traite des Noirs et de l'esclavage a, depuis longtemps et sérieusement, fixé l'attention des membres de notre Société religieuse. Dès l'année 1761, cette assemblée a condamné, comme antichrétienne, la traite des Noirs, et a arrêté qu'on ferait des remontrances à ceux qui se rendraient coupables de ce crime, et que, s'ils voulaient encore y persévérer dans la suite, on devait dès lors cesser de les regarder comme membres de la Société des Amis.

Dès cette époque, cette Société n'a cessé d'élever la voix contre le crime de ce commerce des Nègres, et de le faire voir au public dans toute sa noirceur et son injustice, sans oublier en même temps de s'adresser au corps législatif pour le porter à mettre fin à ce système d'oppression et de cruauté.

En contemplant jusqu'à quel point l'esclavage s'est perpétué, même en ce moment, nos âmes sont de nouveau touchées de douleur ; et, de nouveau, nous sentons la religieuse obligation de plaider la cause des victimes de l'avarice et de la cruauté, et de maintenir les principes de la vérité, de la justice et de la miséricorde.

L'esclavage est un péché très-grave contre Dieu, qui est le souverain juge et arbitre de l'univers. « Il a fait naître d'un seul sang tout le genre humain, pour habiter sur toute l'étendue de la terre. » Dans sa bonté et son amour sans bornes, il a voulu que toute la famille humaine, sans distinction, jouît de la liberté et du bonheur. Les hommes ne sont pas seulement frères par la création, mais ils sont encore les objets de la rédemption du Christ. Ce Sauveur bienheureux a souffert la mort pour tous les hommes. La lumière de l'esprit de Dieu éclaire les cœurs de tous. « Jésus-Christ éclaire tout homme qui vient dans le monde. » La religion qu'il a enseignée nous enjoint d'aimer tous les hommes, et de faire du bien à tous. Voici son commandement : « Toutes les choses que vous voulez que les hommes vous fassent, faites-les-leur aussi de même. »

Le maître d'esclaves vient anéantir tous ces priviléges que l'Évangile accorde à ses frères africains, auxquels il ôte ainsi l'exercice libre et entier de leurs droits naturels. Il achète et vend ses semblables, comme il fait des bestiaux qui périssent. Il s'empare de leur progéniture, et présomptueusement appelle leurs enfants sa propriété; il annule ainsi l'exercice de l'autorité paternelle, que, dans sa providence, Dieu a établie. Le propriétaire d'esclaves exige, au gré de son caprice ou de ses plaisirs, le travail sans bénéfice de ses esclaves, en leur infligeant cruellement la torture du fouet. Regardant et traitant l'homme comme un bétail, il usurpe le contrôle de son intelligence, de sa volonté, et de ses autres facultés, jusqu'à lui interdire le libre exercice de son culte envers son Créateur, et lui enlever la libre jouissance de l'évangile de vie et de salut. L'homme, sans distinction de climat et de couleur, est placé sur la terre, comme un être moral et responsable; mais le propriétaire d'esclaves les prive des moyens de remplir les devoirs qui leur sont imposés comme hommes. L'homme est doué de talents, qu'il doit cultiver et employer pour le bien-être de son espèce et la gloire de Celui qui les lui a donnés si gracieusement; mais le propriétaire d'esclaves empêche la culture et l'usage de ces talents, et vient ainsi frustrer les desseins de leur distributeur.

Il y a bien d'autres flagrantes violations de la loi divine, qui résultent de cette iniquité. Les liens des affections conjugales, paternelles et filiales sont méconnus et brisés. L'esclave s'abrutit par les mauvais traitements; son esprit se dénature. Dans cet état, il est malheureux; il se tourmente dans le sentiment et la connaissance intimes qu'il a des priviléges attachés à la nature de la créature raisonnable, tandis qu'il est lui-même dans l'abjection. Il voit ceux qui sont autour de lui jouir de la plénitude de leur liberté personnelle, et son amour naturel de l'indépendance, sa persuasion que cette indépendance est aussi son droit naturel, rendent sa position intolérable.

Ce système, par lequel, pour nous servir du langage de cette assemblée en 1758, « un grand nombre d'hommes, libres par nature, sont tenus dans une interminable servitude, remplit les maîtres, comme on l'a toujours observé, de hauteur, de tyrannie, de luxe, et de barbarie; corrompt l'esprit, et ravale le moral de leurs enfants, au grand préjudice de la religion et de la vertu, et à l'exclusion de cet esprit saint d'amour universel, de douceur et de charité, qui sont les caractères inaltérables et la gloire du vrai Christianisme. »

Ces déplorables conséquences de l'esclavage, si vivement dépeintes par nos prédécesseurs, sont encore applicables ; elles représentent ses effets au moment actuel ; et, nous en sommes convaincus, elles seront constamment les fruits de cette complication de vices.

Mais pour maintenir et perpétuer le crime de l'esclavage, combien ne faut-il pas multiplier (on peut à peine le croire) les efforts de malice et de cruauté ? C'est à l'esclavage que sont dues toutes les horreurs de la traite des Noirs, qui ne peut être faite que par l'emploi constant du mensonge, de la fraude et de la perfidie, et qui donne naissance et encouragement au pillage, à la cruauté, au meurtre, et à toutes les mauvaises passions qui peuvent entrer dans le cœur de l'homme. Les guerres et les ravages qu'on a entretenus, depuis plusieurs siècles, en Afrique, pour s'emparer des esclaves, et, en conséquence, la mort de plusieurs millions d'hommes, ne peuvent être attribués qu'à l'existence et à la conservation de l'esclavage. Des souffrances agonisantes éprouvées pendant le voyage des côtes de l'Afrique jusqu'aux contrées où l'esclavage existe, ont fréquemment et éloquemment été retracées, quoique leur description soit bien au-dessous de la réalité ; et ces souffrances, résultats certains de ce fléau, continuent d'être infligées. Puisse Dieu tout-puissant, dans son amour infini, hâter le jour de leur extinction !

En contemplant l'étendue actuelle de cette calamité, nous nous réjouissons toutefois, avec reconnaissance envers l'Auteur de tout bien, en voyant, qu'à très-peu d'exceptions près, l'esclavage est aboli par la loi, dans toutes les colonies et dépendances de l'empire Britannique. Mais d'autres nations européennes possèdent des colonies où il a longtemps existé. On estime à environ trois cent cinquante mille le nombre d'esclaves dans les possessions françaises, danoises et hollandaises. Nous voyons cependant, avec une sincère satisfaction, qu'il devient de plus en plus un sujet d'attention pour les peuples et les gouvernements de ces contrées. Nous n'en pouvons dire autant de l'Espagne, qui continue de retenir, dans la plus cruelle servitude, qu'elle n'a pas même essayé d'adoucir, des centaines de mille d'Africains , dans ses colonies de Cuba et de Porto-Rico, et qui, pour remplacer ceux qui meurent par milliers dans les tortures de l'esclavage, continue, sur les côtes de l'Afrique, le commerce des Noirs. Quant au Brésil, où ce commerce a acquis un affreux développement, on estime que ce vaste et fertile empire contient plus de deux millions d'esclaves.

Dans les États-Unis de l'Amérique du Nord, et sous le gouvernement fédéral, qui prétend reposer sur les bases de la liberté, de l'égalité et de la justice, plus de deux millions et demi d'esclaves y sont retenus en propriété d'hommes leurs semblables, et, en outre, le commerce des Noirs se fait activement entre divers États de l'Union. Des hommes, des femmes, des enfants, jusqu'aux dizaines de mille par an, quelquefois en familles, quelquefois séparés, au mépris des liens les plus tendres de la nature , sont transportés et vendus comme marchandises, par d'anciens États de l'Union, où le sol étant épuisé par le travail des esclaves, on élève les

Noirs, en grand nombre, pour être vendus et conduits aux États plus modernes du Sud-Ouest, où ils restent en proie aux tourments et aux misères de l'esclavage. Quel outrage à toutes les lois morales et divines !

L'esclavage aussi est généralement adopté dans les contrées situées sur les côtes méridionales de la Méditerranée et en Égypte, et il s'y montre avec la même tyrannie et la même cruauté qui l'accompagnent toujours. Mais que peuvent dire aux mahométans ceux qui, se nommant chrétiens, ne se sont pas affranchis de cette iniquité ? Si, au contraire, ils y avaient mis un terme, que ne pourraient-ils pas dire, et quel effet ne produiraient-ils pas sur ces peuples et sur les autres points du globe, où l'homme est retenu, par son semblable, dans la plus dégradante servitude ?

Nous n'offrons ici qu'une faible esquisse des souffrances de six millions de nos frères ; sans compter les milliers d'entre eux qui meurent annuellement, soit au moment de leur capture, soit pendant leur voyage vers la côte et la traversée de l'Atlantique, soit à leur arrivée au port de leur destination. Et ces tourments, ces longs supplices sont infligés à des hommes victimes innocentes de cette iniquité.

Tant que l'esclavage existera, ce sera en vain qu'on espérera mettre un terme entier à la traite des Noirs. Des vaisseaux armés, chose à laquelle, comme société religieuse, nous ne pouvons donner aucun assentiment, ont été équipés et mis en activité, depuis trente ans, à grands frais d'hommes et d'argent : et, malgré tout cela, le marchand d'esclaves poursuit sa carrière, avec autant d'activité qu'avant l'adoption de ces mesures, au mépris de tous les efforts des gouvernements, et foulant aux pieds toutes les lois de l'humanité et de la justice.

Nous sommes donc pressés, par l'amour de notre commun Sauveur Jésus-Christ, à faire un appel à tous les hommes de tous les pays, et spécialement à ceux qui professent son nom, et à les engager, dans l'esprit de l'Évangile, à faire tout ce qui est en leur pouvoir pour obtenir enfin l'immédiate et entière suppression de l'esclavage. Qu'ils considèrent ce qu'aux yeux de Dieu il est de leur devoir de faire pour délivrer les opprimés, et qu'ils saisissent toutes les occasions de plaider leur cause auprès des hommes revêtus du pouvoir. Pendant ces dernières années, l'iniquité de la servitude des Noirs a été clairement et entièrement développée ; et plus on a jeté de lumières sur l'énormité et l'étendue de cette iniquité, plus nous serions coupables si nous négligions de faire usage de ces lumières.

Nous en appelons respectueusement aux souverains et aux dépositaires de l'autorité, dans les pays où l'esclavage existe, et nous les conjurons d'exercer toute leur influence pour faire promptement adopter les mesures propres à atteindre le but que nous nous proposons. Nous osons rappeler, à ces gouvernants, la haute responsabilité attachée aux dignités et aux fonctions dont ils sont revêtus. Qu'ils osent faire ce qui est juste, et ils verront qu'il leur est bien plus facile qu'ils ne pensent d'accomplir cette tâche. Dans cette œuvre d'amour, de justice et de compassion, ils peuvent implorer, pour leurs efforts, la bénédiction de Dieu, et ils peuvent compter qu'il ne la leur refusera pas.

Nous nous adressons en outre aux hommes intelligents et humains de tous les pays, à tous ceux qui aiment leurs semblables, et nous les prions de se livrer à un examen attentif, impartial et complet, du caractère et de l'étendue de l'esclavage, et de compatir pour les innocentes et misérables victimes de ce système d'iniquité.

Nous supplions instamment ceux à qui un tel appel s'adresse plus particulièrement, de ne pas se laisser prévenir par les préjugés contre une partie de leurs semblables, à cause de la couleur de leur peau. Toute distinction injuste, résultant de ce préjugé, tend à détruire ce sentiment de fraternité qui doit unir toute la famille humaine. Dans les contrées où ce préjugé existe, il forme la principale barrière, le plus grand obstacle à l'abolition de l'esclavage et à l'extirpation de ses conséquences funestes. Pour nous, nous sommes persuadés qu'il est contraire à la volonté de Dieu de priver qui que ce soit de la libre et entière jouissance de tous les droits civils et sociaux, et des priviléges qui lui appartiennent, comme homme, pour la seule raison que sa couleur diffère de la nôtre.

Tous les hommes qui agissent avec droiture peuvent exercer une influence salutaire. Nous les invitons donc tous, dans notre propre pays et partout, de s'unir à nous pour la dissémination de vues justes et exactes sur l'esclavage, sur la traite des Noirs, et sur les maux terribles qui en sont inséparables. Ils peuvent ainsi servir essentiellement la cause des malheureux et des opprimés. C'est lorsque la société d'un pays est généralement portée, par conviction, à agir conformément aux principes éternels de la justice, que le gouvernement de ce pays acquiert la force nécessaire pour promulguer et faire exécuter les sages mesures législatives propres à faire disparaître les iniquités nationales et à accroître le véritable bonheur de l'homme.

Nous souhaitons, avec ferveur, que tous ceux qui coopèrent au succès de cette cause de la justice et de la pitié reçoivent la force nécessaire pour agir dans un esprit d'amour, avec des vues saines, et une fermeté chrétienne, dans la crainte de Dieu, et avec une humble et constante confiance dans ses bénédictions.

Nos âmes en même temps se tournent, avec douleur et compassion, vers les propriétaires d'esclaves. Tels sont malheureusement, et trop généralement, les effets démoralisants de l'esclavage et de la traite, que ceux qui sont impliqués dans ce système d'iniquité perdent le sentiment de la conscience, et leurs cœurs s'endurcissent, en se familiarisant de plus en plus avec les scènes qui les environnent. Mais pourtant nous ne pouvons oublier que les propriétaires d'esclaves sont aussi nos frères. Quelques-uns ont été placés dans cette position par des circonstances indépendantes de leur volonté. Les autres peuvent être graduellement éclairés, et leur intelligence peut être amenée à comprendre l'iniquité de l'esclavage, et, alors, quelle ne sera pas l'amertume de leurs âmes, quand leurs consciences les accuseront de vivre dans la violation continuelle de la loi divine? Si ces pages tombent dans les mains d'un propriétaire d'esclaves, nous le conjurons, avec un amour évangélique, de laisser ouvrir ses yeux à la lumière, et son cœur au sentiment de sa position réelle. Puisse le Seigneur daigner lui montrer, par la lumière de son Saint-Esprit, le véritable caractère de l'esclavage et de la traite, et lui faire apercevoir et sentir jusqu'à quel point il est individuellement impliqué dans ces atrocités ; et puisse-t-il lui donner la force de s'en affranchir !

Puisse, enfin, le Père des miséricordes, dans son amour et sa puissance infinis, diriger et bénir tous les efforts pour mettre un terme à cette iniquité ! Puisse le jour arriver bientôt où la violence et l'oppression cesseront de désoler les rivages de l'Afrique, et où l'esclavage disparaîtra entièrement de la face de la terre !

Signé, en séance, et pour l'assemblée annuelle de la Société religieuse des Amis, tenue à Londres, par ajournements du 22 au 31 du 5ᵉ mois, 1844,

Par **GEORGE STACEY,**

Secrétaire de l'assemblée pour cette année.